BEI GRIN MACHT SICH IHR WISSEN BEZAHLT

Emotionale Intelligenz, Emotionen und Motivinkongruenz

Bibliografische Information der Deutschen Nationalbibliothek:

Die Deutsche Nationalbibliothek verzeichnet diese Publikation in der Deutschen Nationalbibliografie; detaillierte bibliografische Daten sind im Internet über http://dnb.d-nb.de abrufbar.

ISBN: 9783346720740
Dieses Buch ist auch als E-Book erhältlich.

© GRIN Publishing GmbH
Nymphenburger Straße 86
80636 München

Druck und Bindung: Books on Demand GmbH, Norderstedt Germany
Gedruckt auf säurefreiem Papier aus verantwortungsvollen Quellen

Das Buch bei GRIN: https://www.grin.com/document/1271739

3. Einsendeaufgabe

Allgemeine Psychologie 2

Alternative A

SRH Fernhochschule

Abgegeben am: 15.05.2019 im E-Campus

Modul: Allgemeine Psychologie 2

Studiengang: Psychologie (B.Sc.)

Inhaltsverzeichnis

Abkürzungsverzeichnis:

EI	Emotionale Intelligenz
IQ	Intelligenzquotient

Abbildungsverzeichnis:

1. Emotionale Intelligenz

1.1 Definition

Nach der Veröffentlichung des Bestsellers „Emotionale Intelligenz: Why it can matter more than IQ" 1995 von Daniel Goleman, weckte das Thema „Emotionale Intelligenz" enormes öffentliches Interesse. Zu dem Begriff gibt es verschiedene alternative Modelle. Die drei wichtigsten Modelle der emotionalen Intelligenz sind von (Schulze, Freund, Roberts, 2006, S.40):

- Salovey und Mayer (1990),
- Goleman (1995) und
- Bar-On (1997).

Dabei lassen sich zwei bedeutende Unterscheidungen machen. Zum einen Fähigkeitsmodelle und zum anderen gemischte Modelle. Bis auf das Modell von Mayers und Saloveys Fähigkeitsmodell sind alle anderen emotionale Intelligenz-Konzeptualisierungen gemischt, die so das Konstrukt um die Persönlichkeitsmerkmale erweitern und im Gegensatz zum Fähigkeitsmodell andere Messinstrumente verwenden (Schulze, Freund, Roberts, 2006, S. 40).

Alle drei Modelle werden biologisch begründet (Matlby, Day, Macaskill, 2011, S. 701). Salovey und Mayer verstanden die EI als Fähigkeit, eigene und fremde Gefühle zu verstehen und das Verhalten davon abhängig zu machen (Fröhlich, 2017, S.164). Golemans Modell wurde zwar nach dem Modell von Mayer und Salovay (1990) entwickelt, doch beinhaltet eine Reihe eigener, neuer Ideen (Matlby, Day, Macaskill, 2011, S. 696). Er stellt Erkenntnisse aus der Gehirn- und Emotionsforschung in den Vordergrund, um zu zeigen, dass Bewusstsein, Lernen, etc. ohne Gefühlsbeteiligung nicht möglich wären (Fröhlich, 2017, S.164). Bar-Ons Modell bezieht sich dagegen nicht auf physiologische Vorgänge im Gehirn, sondern auf die Evolutionstheorie von Charles Darwin (Maltby, Day, Macaskill, 2011, S.701).

Aus der Tatsache heraus, dass Menschen soziale Informationen unterschiedlich gut oder schlecht verarbeiten und steuern können, entstand das Bedürfnis sich mit diesem Aspekt der sozialen Intelligenz weiterzubeschäftigen. Dies wurde „Emotionale Intelligenz" genannt. Ebenso entstand ein Test der die vier

Komponenten der emotionalen Intelligenz erfassen und bewerten soll. Diese vier Komponenten bestehen aus: Emotionen wahrnehmen, verstehen, umgehen und nutzen. (Mayer, Salovey, Caruso, 2008, S.207).

Emotionale Intelligenz wird demnach als Fähigkeit beschrieben, Emotionen wahrnehmen, verstehen, umgehen und nutzen zu können (Myers, 2014, S.407). Die EI wird weniger als Angelegenheit bewusster Anstrengung gesehen, sondern als Ergebnis unbewusster Verarbeitung von emotionalen Informationen (Fiori, 2009, S. 22).

1.2 Emotionale Intelligenz und Teamzusammenstellung

Bereits Goleman (1995) erkannte, dass emotionale Intelligenz ein wichtiger Baustein bei der Zusammenarbeit von Teams ist. Nach Goleman hat jede Zusammenarbeit von Menschen einen Gruppen-IQ, von dem der Erfolg der Aufgabe und somit der Gruppe abhängig ist. Jedoch ist der durchschnittliche IQ der Gruppe nicht die akademische Leistung, sondern im Bereich der EI, die Fähigkeit zur sozialen Harmonie. Der Yale-Psychologie Robert Sternberg und die Forscherin Wendy Williams waren die ersten mit der Idee einer Gruppenintelligenz, indem sie untersuchten worin der Unterschied zwischen effektiven Gruppen und weniger effektiven Gruppen liegt (zit. nach Goleman, 2015, S. 207). Es hat sich sowohl gezeigt, dass die Mitglieder, die besonders eifrig waren oft die Fähigkeit der sozialen Intelligenz fehlte, was in sozialen Situationen angemessen ist und was nicht, als auch die Tatsache, dass Mitglieder, die nicht mitmachten der größte Ballast für eine Gruppe darstellte. Wenn hingegen Harmonie herrschte, konnte das größte Potenzial aus den kreativsten und talentiertesten Mitgliedern herausgeholt werden (zit. nach Goleman, 2015, S. 206).

Das Zauberwort einer erfolgreichen Arbeit heißt: Netzwerk. Wer es schafft sich ein informelles Netzwerk aufzubauen, das aus Arbeitskollegen mit unterschiedlichen Fähigkeiten besteht, kann sich bei Aufgaben außerhalb des eigenen Spezialgebietes an andere Mitglieder des Netzwerkes wenden. Zudem ist es ausschlaggebend für eine ad hoc-Gruppe, bei der die Mitglieder exakt nach deren unterschiedlichen Fähigkeiten ausgewählt werden. Bei einem hohen emotionalen IQ können Menschen überdurchschnittliches leisten, unter anderem auch da sie es schaffen ihre informellen Netzwerke in ad hoc-Teams zu verwandeln (zit. nach Goleman, 2015, S. 206-207). Diese „Stars" unter den Arbeitnehmern nehmen den Zeitaufwand in kauf gute Beziehungen zu Menschen mit gewissen Fähig- und Fertigkeiten zu pflegen, bevor sie sie wirklich benötigen, um im ausschlaggebenden Moment um Rat fragen können um ein meist unvorhergesehenes Problem schnellstmöglich zu lösen. Hierbei zeigt sich, dass es mindestens drei Arten von informellen Netzwerken (zit. nach Goleman, 2015, S.208):

- Kommunikationsgeflechte (wer spricht mit wem);
- Experten-Netzwerke (an wen kann sich gewendet werden);
- Vertrauens-Netzwerke.

Am effizientesten wirken sich solche Netzwerke aus, wenn Beziehungen in allen Netzwerken aufgebaut und gepflegt werden können. Die Bell Lab-Stars haben neben einigen beachtlichen Teamführungsfähigkeiten ein Talent mit diesen wichtigen Netzwerken umzugehen. Neben den Grundlagen der sozialen Fähigkeiten besitzen sie außerdem das Talent Initiativen zu ergreifen, dass mit Selbstmotivation, Verantwortung, optimale Einteilung Ihrer Zeit und ihrer Arbeitsverpflichtungen in Zusammenhang steht. All die Fähigkeiten, die ein Bell Lab-Star besitzt, sind natürliche Aspekte der emotionalen Intelligenz (zit. nach Goleman, 2015, S. 208-209).

Es wurde in Studien gezeigt, dass die Fähigkeit mit eigenen und anderen Emotionen umzugehen zu einer signifikanten Erhöhung der Kriterienvarianz beitrugen. Außerdem stellte sich heraus, dass die Fähigkeit mit eigenen Emotionen umzugehen, über eigene Emotionen zu diskutieren und eigene Emotionen kontrollieren zu können, gute Voraussetzungen für gemeinschaftliche Konfliktlösung sein können (Schulze & Freund & Roberts, 2006, S. 263).

Viele Aspekte weisen darauf hin, dass emotionale Intelligenz zukünftig für das Wirtschaftsleben an Ansehen gewinnt. Die verbesserte Leistung und die damit verbundene bessere Zusammenarbeit, trägt dazu bei, geistiges Kapital zu mobilisieren, und den entscheidenden Wettbewerbsvorteil zu erhalten. Zusammenfassend hängt die Zukunft der Unternehmen von der Steigerung der kollektiven emotionalen Intelligenz ab (zit. nach Goleman, 2015, S. 209).

1.3 Kritische Auseinandersetzung mit der EI

Der erste Kritikpunkt verweist auf die gemischten Modelle der Intelligenz. Bereits im Jahr 2000 beschrieb Eysenck es als unwissenschaftlich Intelligenz mit Persönlichkeitsfaktoren zu mischen. Er begründet seine These damit, dass im Falle eines aufgezeigten Erfolgs (z. B. in beruflicher Leistung) kaum zu unterscheiden wäre ob der ausschlaggebende Prädikator die EI oder ein Persönlichkeitsfaktor ist (Maltby, Day, Macaskill, 2011, S. 712). Zudem ist die Beziehung zwischen emotionaler Intelligenz und Erfolg in verschiedenen Lebensbereichen nicht belegt oder sogar unwahr. (Murphy, 2006b, S.346). Forschungsergebnisse von Melanie Schulte und ihren Kollegen fanden zudem heraus, dass der Großteil der Unterschiede, die sich auf Fähigkeiten berufen durch generelle Intelligenz, Persönlichkeitsfaktoren, und Geschlecht beschrieben werden kann und somit emotionale Intelligenz wenig zum Verständnis und der Kompetenz eines Individuums beiträgt. Aufgrund dessen könnte die Nützlichkeit des Konzeptes der EI angezweifelt werden (Maltby, Day, Macaskill, 2011, S. 713).

Der zweite Kritikpunkt formuliert das Problem, dass emotionale Intelligenz sich nicht anhand von äußeren Beobachtungen beurteilen lässt, wie bei der generellen Intelligenz beispielsweise der Zusammenhang mit Schulnoten oder akademischen Erfolg. (Maltby, Day, Macaskill, 2011, S.713). Durch den Mangel an Validität- und Reliabilitätsproblemen bei EI-Messungen, sind auch die EI-Tests nicht vertrauenswürdig. (Antonakis, 2004, S.174). Maul (2012, S. 505) diskutierte Beispielsweise die Analyseprobleme des MSCEIT[1], da nicht festgelegt ist, was „richtige" und „falsche" Antworten auf ein EI-Item sind. Auch für die Trainingsprogramme der EI sind nur wenige empirische Belege für die Wirksamkeit zu finden (Clarke, 2006, S.437). Durch die Analyse aus den drei meist eingesetzten EI-Tests, kamen Keele & Bell (2008) zu dem Resultat, dass diese durch „Instabilität, Heterogenität und Inkonsistenz" gezeichnet sind (S.487).

Zuletzt stehen die fehlenden Forschungsergebnisse und deren Belege in Kritik. Einige der Theorien der EI von Goleman oder Bar-On wurden statt mit

---

[1] Mayer-Salovey-Caruso Emotionale Intelligenz Test

empirischen Befunden für die Validität, mit biologischen Rahmenkontexten gestützt. (Matthews, Zeidner & Roberts, 2004, S.713). Die Großzahl der Argumente zur Validierung des Konzepts der EI „basieren auf anekdotischen Schilderungen, subjektiv gefärbten Erfahrungsberichten oder unpuplizierten Reports" und aufgrund dessen unter wissenschaftlichen Gesichtspunkten nicht oder nur wenig akzeptiert (zit. nach Rost, 2013, S.146). Andere Autoren bezeichnen Golemans Fundierungsversuche, als rhetorische Strategien um den Schein der Wissenschaftlichkeit zu wahren (Sieben, 2003, S.27). Die Befürworter der emotionalen Intelligenz führen für deren Validität den Erfolg in Schule, Ausbildung und Beruf an. In einer Meta-Analyse wurde die Aussage, dass EI Vorhersagekraft für den beruflichen Erfolg hat (jenseits der Big-Five-Persönlichkeitsfaktoren und Intelligenz in bisherigen Studien) keine inkrementelle Validität (Joseph & Newman, 2010, S.67).

Wissenschaftliche Arbeiten müssen moralische, technische und stilistische Ansprüche erfüllen. Um die Kritik an der emotionalen Intelligenz zu begründen werden im Folgenden die technischen Ansprüche beleuchtet. Hierzu bestehen drei gleichartige technische Prinzipien: die Objektivität, Reliabilität und Validität (Peterßen, 1999, S.27). Unter Objektivität wird die Einstellung verstanden, „sich streng sachlich an vorhandene Daten oder Fakten zu orientierten und die zu fehlerfreien Schlussfolgerungen führt" (Fröhlich, 2017, S. 348). Objektivität als Kriterium für Tests, besteht dann, wenn verschiedene unabhängige Auswerter, ohne durch abweichende Einstellungen/Gefühle zu gleichen Ergebnissen kommen (Fröhlich, 2017, S. 348). Reliabilität meint Zuverlässigkeit und Verlässlichkeit sowohl für das Produkt, als auch für den Prozess wissenschaftlichen Arbeitens (Peterßen, 1999, S. 32). Objektivität und Reliabilität sind im Bereich der emotionalen Intelligenz mit wenig Fakten und hohem Maß an verschiedenen Gefühlen der Autoren durchaus zweifelhaft, dabei ist der letzte technische Anspruch, die Validität (Gültigkeit), der meist gebrauchte Kritikpunkt, wenn es um EI geht (Peterßen, 1999, S. 35-36). „Validität gibt an, in welchem Grade ein Verfahren wirklich das misst, was es messen soll" (zit. nach Peterßen, 1999, S.35). Die Herausforderung des Anspruchs der Validität ist es, gradlinig der Frage oder These nachzugehen, ohne auszuweichen oder abzuschweifen und die Frage so exakt wie möglich zu beantworten, auch wenn diese die aufgestellte These widerlegt (Peterßen, 1999, S. 35-36).

Beim Konzept der emotionalen Intelligenz wird die Objektivität, sowohl durch den Mangel an Daten und Fakten, als auch durch die fehlende Einstimmigkeit bei der Auswertung der EI-Tests erschwert. Die Analyseprobleme bereiten unter anderem auch der Reliabilität des EI-Konzepts Schwierigkeiten. Das größte Problem bei dem Konzept der emotionalen Intelligenz besteht allerdings in der fehlenden Validität. Die Argumente der Forscher in diesem Gebiet sind überwiegend nicht belegt und dennoch versuchen sich krampfhaft das Konzept der EI gegen aller Kritik und Gegenbelege aufrechtzuerhalten was keineswegs eine wissenschaftliche Arbeit ausmacht.

Wissenschaftlich arbeiten heißt immer eigene Hypothesen kritisch zu testen und zu hinterfragen. Der kritische Rationalismus trägt wesentlich zur Entwicklung und Annäherung an die Wahrheit bei was unter anderem Wissenschaft ausmacht (Knoke, 2016, S. 42).

2. Emotionen

2.1 Definition

„Emotionen sind objektgerichtete, unwillkürlich ausgelöste affektive Reaktionen, die mit zeitlich befristeten Veränderungen des Erlebens und Verhaltens einhergehen" (Rothermund & Eder, 2011, S.166).

Emotionen besitzen verschiedenen Kennzeichen, die für eine ausführliche, jedoch nicht allgemein akzeptierte Emotionsdefinition, erforderlich sind (Rothermund & Eder, 2011, S. 165/ S. 167):

- Affektivität (Gefühlscharakter): affektive Empfindungen (Ärger, Angst, etc.) sind für eine emotionale Erfahrung essentiell, jedoch nicht zwingend bewusst (zit. nach Rothermund & Eder, 2011, S. 166)
- Objektgerichtetheit (Intentionalität): Emotionen beziehen sich immer auf ein Bezugsobjekt. Dabei ist nicht die reale Existenz wichtig, sondern die Einschätzung über das Eintreten oder Vorliegen eines bestimmten Sachverhaltes (Rothermund & Eder, 2011, S. 166).
- Unwillkürlichkeit: Emotionen werden automatisch ausgelöst, als Reaktion auf bestimmte Situationen (Rothermund & Eder, 2011, S. 166).

- <u>begrenzte zeitliche Dauer</u>: Emotionen sind mehr oder weniger an das Auftreten des Objektes gebunden (Erinnerung an Misserfolg) (Rothermund & Eder, 2011, S. 166).

Durch diese Definition können Emotionen von globalen Stimmungslagen[2] und emotionalen Dispositionen[3] (Temperamente) abgegrenzt werden (Rothermund & Eder, 2011, S. 166). Um Emotionen sinnvoll beschreiben und abgrenzen zu können, müssen jedoch die charakteristischen Veränderungen des Erlebens und Verhaltens miteinbezogen werden (siehe Abb. 1), die mit fünf Komponenten dargestellt werden können: die Erlebens-, kognitive-, physiologische-, Ausdrucks- und die Motivationale Komponente. Emotionen werden als multidimensionales Konstrukt angesehen, das aufgrund dessen Reaktionen auf multiplen Ebenen umfasst (Rothermund & Eder, 2011, S. 167).

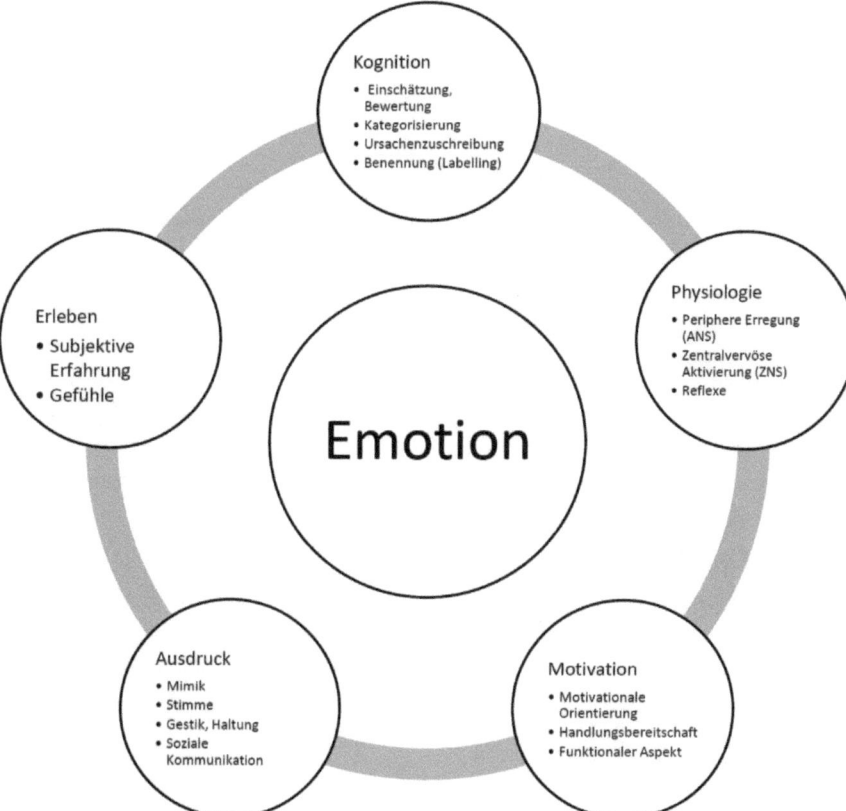

Abbildung 1: Das Komponentenmodell der Emotion (eig. Darstellung in Anlehnung an Rothermund & Eder, 2011, S. 168)

---

[2] „diffuse positive und negative Gefühlszustände" ohne Bezugsobjekt und länger andauernd (Rothermund & Eder, 2011, S. 166)
[3] „zeitlich stabile Persönlichkeitseigenschaften" (Rothermund & Eder, 2011, S. 166)

2.2 Entwicklung von Emotionen (Emotionstheorien)

Emotionen sind von der emotionalen Erregung abhängig. Als emotionale Erregung werden verdeckt ablaufende autonome, neurohumorale, zentralnervöse und neuromuskuläre Veränderungen bezeichnet. Emotionale Erregung kann anhand der folgenden äußeren Kennzeichen wahrgenommen werden: emotionaler Ausdruck, Orientierung am emotionalen Gegenstand, bzw. Sachverhalt und/ oder Unterbrechung des momentanen Verhaltens (Fröhlich, 2017, S.161).

Um die Entstehung von Emotionen erklären zu können suchen Emotionstheorien nach Bedingungen und Prozessen. Hierbei haben sich drei Erklärungsansätze herausgebildet (Rothermund & Eder, 2011, S. 180-181).

- biologische Ansätze[4],
- kognitive Ansätze,
- konstruktivisitsche Ansätze.

Biologische Emotionstheorien gehen von Basisemotionen aus, die bei allen Menschen auftreten. Die Anzahl der Basisemotionen schwankt dennoch erheblich zwischen zwei und zehn Emotionen, wobei die vier Emotionen: Furcht/Angst, Ärger, Traurigkeit und Freude bei fast allen Theorien aufgelistet werden (zit. nach Ortony & Turner, 1990, S. 317).

Basisemotionen werden als Grundlage für die übrigen Emotionen angesehen. Die Vermischung von (primären) Basisemotionen und die folgende Entstehung neuer (sekundärer) Emotionen werden durch Mischtheorien erklärt (Rothermund & Eder, 2011, S. 185-186).

Kognitive Emotionstheorien sind der Ansicht, dass Emotionen durch subjektive Einschätzung der Person erfolgen (Ellsworth & Scherer, 2003, S.589). Kognitive Einschätzung ist nach den Appraisal-Theorien die Voraussetzung zur Entstehung von Emotionen. Die demnach nicht durch Reize und Situationen, sondern durch Klassifizierung der Umgebung verursacht werden (Rohtermund & Eder, 2011, S. 186-187).

---

[4] Von Charls Darwin (1809-1822) erstmals formuliert (1872).

Durch die Identifizierung kognitiver Variablen kann das Auftreten von Emotionen in bestimmten Situationen erklärt werden. Zu den wichtigsten Variablen zählen die Zielrelevanz, die Zielkongruenz und die Attribution (Verantwortlichkeit und Kontrollierbarkeit) (Rothermund & Eder, 2011, S. 187).

Kognitive Vorgänge sind demnach unerlässlich für Emotionen und bestimmen die Relevanz einer Situation für die Person. Je mehr Dimensionen in die Einschätzung einer Situation einfließen, desto spezifischer sind die Emotionen (Rothermund & Eder, 2011, S. 188).

Zuletzt gehen konstruktivistische Ansätze von der Zwei-Faktoren-Theorie aus. Basiseffekten, denen oft ein Situationsbezug fehlt werden mit emotionalen Konzepten[5] kategorisiert. Je ähnlicher die Gefühlsreaktion dem emotionalen Konzept ist, desto wahrscheinlicher ist die Kategorisierung als „emotionaler" Reaktion. Emotionen werden demnach individuell entwickelt (Rothermund & Eder, 2011, S.194).

2.3 Umgang und Regulation von Emotionen

Die Beeinflussungsversuche von Emotionen helfen dabei, mit den eigenen Emotionen in verschiedenen Situationen umgehen zu können. Sie tragen beispielsweise zur Verbesserung des persönlichen Wohlbefindens bei und helfen situationsunangemessene Emotionen zu unterbinden und damit weitreichende, affektgebundene Folgen zu vermeiden (Schütz, Brand, Selg, Lautenbacher, 2011, S. 169)

2.3.1 Regulation

Es gibt viele Gründe für eine Emotionsregulation. Die *hedonistische Motivation* zielt beispielsweise auf die Maximierung von positiven Emotionen (Lust) und Vermeidung von negativen Emotionen (Unlust) ab, bei der *funktionalen Motivation* steht die passende Emotion in der aktuellen Handlungsanforderungen im Vordergrund und *Prosoziale Motive* der Emotionsregulation werden z. B. bei Nichtgefallen eines Geschenks, dass jedoch äußerlich nicht zum Ausdruck kommt, angewandt. Auch zum Selbstschutz kann Regulation von Emotionen

---

[5] Ärger, Angst, Freude, usw.

eingesetzt werden, z.B. Verdrängung, Distanzierung, strategische Umdeutungen. Emotionen werden zudem auch gezielt für Eindrucksmanagement eingesetzt, dass im Folgenden näher erläutert wird (Rothermund & Eder, 2011, S. 198-199).

Es wurden fünf Arten der Emotionsregulation identifiziert. Die Regulation von Emotionen kann förderlich in bestimmten Situationen sein und verlangt folglich unterschiedliches Verhalten (Rothermund & Eder, 2011, S. 199).

2.3.2 Emotionsarbeit

Charakteristisch für personenbezogene Dienstleistungstätigkeiten ist die Emotionsregulation zum Zwecke der Aufgabenerfüllung. Mitarbeiter unterwerfen ihre Emotionen den betrieblichen Anforderungen. Das Augenmerk ist immer auf die Profitsteigerung gerichtet, die durch Kundenzufriedenheit und Kundenbindung generiert wird, wobei Emotionsarbeit einen wichtigen Beitrag leisten kann (Schreyögg & Sydow, 2001, S. 114).

Die Begriffe Gefühls- und Emotionsarbeit wurden erst durch Arlie Russel Hochschild (1983, deutsch 1990) bekannt. Er unterscheidet Gefühlsarbeit im Privaten[6] (private Beziehungen regeln) von der Gefühlsarbeit am Arbeitsplatz[7]. Sobald ein Arbeitgeber einen unfreiwilligen Gefühlsausdruck von seinem Mitarbeiter verlangt, wird Gefühlsarbeit verlangt (Hochschild, 1990, S.223-226).

Schon Goleman (1995) wurde darauf aufmerksam, dass Gefühle zielgerichtet beeinflussbar sind, wie bei seinem Konzept der EI (siehe Kapitel 1.); (Schreyögg & Sydow, 2001, S.115).

Die kognitive Variante der Emotionstheoretischen Ansätze (siehe Kapitel 2.2) ist wohl der wichtigste Aspekt bei der Unterscheidung zwischen Mensch und Tier. Hierbei müssen die gezeigten Gefühle vom Menschen nicht mit den erlebten Gefühlen übereinstimmen (Schreyögg & Sydow, 2001, S.115). Die Differenz zwischen Erleben und Ausdruck ist für das gemeinschaftliche Zusammenleben von Vorteil (Gefühlsregeln), beherbergt jedoch Unsicherheit und Ambivalenz des Ausdrucksverhaltens. In alltäglichen Situationen genügen die Ausdrucksregeln,

---

[6] emotion work
[7] emotional labor

jedoch werden in ich-nahen Situationen (Partnerschaft) Verlässlichkeit und Echtheit gefordert (Schreyögg & Sydow, 2001, S.116).

Hochschild (1990) differenzierte zwischen den Emotionsregulationen: Oberflächenhandeln und Tiefenhandeln. Beim Oberflächenhandeln (surface acting) werden (Ausdrucks-)Normen eingehalten unabhängig von der tatsächlichen Gefühlslage. Beim Tiefenhandeln (deep acting) dagegen wird auch die Einflussnahme auf das Fühlen erforderlich und setzt an Kopf und Körper an. Die mentale Selbstmanipulation wirkt auf den Auslöser der Gefühle. Gefühle, die in einer Situation erforderlich sind, werden mental mit Ereignissen hervorgerufen, bei denen die gleichen Gefühle zum Ausdruck kamen (Schreyögg & Sydow, 2001, S.117).

Aus heutiger Sicht ist das Oberflächenhandeln von Dienstleistern nicht mehr erfolgreich. Den Kunden ist bewusst, dass ein Lächeln von der Verkäuferin nicht auf tiefere Gefühlsebene zurückzuführen ist. Sie wollen echt Gefühle. Aufgrund dessen setzt das Unternehmen auf die Steuerungsfähigkeit seiner Mitarbeiter. Solch ein Tiefenhandeln bedeutet für das Unternehmen eine Sicherheit, dass der gewünschte Gefühlsausdruck nicht gespielt erscheint. Für den Mitarbeiter hingegen besteht, durch manipulieren der eigenen Gefühle aufgrund äußerer Regeln die Gefahr der Entfremdung in sich, indem die ursprünglichen Gefühle nicht wahrgenommen werden könne und stattdessen verfälschte Gefühle als Echt suggeriert werden (Schreyögg & Sydow, 2001, S.118).

In Verkäuferschulungen werden die einheitlichen Regeln den Mitarbeitern nahegebracht und mit Rollenspielen verinnerlicht. Durch Selbstreflexion und Feedback werden die Teilnehmer dazu animiert an sich zu arbeiten, um dem Ideal möglichst nahezukommen (Schreyögg & Sydow, 2001, S. 123).

Durch solche Vorgaben ist die Trennung zwischen effizient gesteuerter Arbeitswelt und Lebenswelt aufgehoben. Sie verschmelzen zu einem „marktgerechten Universum" (Schreyögg & Sydow, 2001, S.124). Für den Dienstleister besteht die Herausforderung darin, die persönliche-, die geschäftliche- und die professionelle Ebene in Einklang zu bringen. Zum Beispiel sollen Geschäftspläne erfüllt werden, aber gleichzeitig Verantwortungsgefühl und Empathie für den Kunden aufgebracht werden, ihm einen perfekten Service bieten und zuletzt noch eine persönliche Beziehung mit ihm Aufbauen

(Schreyögg & Sydow, 2001, S. 124). Doch durch Befolgen der Regeln zur idealen Kundenbetreuung entsteht emotionale Dissonanz, da sich das subjektive Erleben des Dienstleisters von den vorgegebenen Normen unterscheidet. Bei schwierigem Kundenkontakt werden Beruhigungstaktiken versucht, um keine spontanen Reaktionen zu zeigen, jedoch bei Kränkungen oder Enttäuschungen werden die Dienstleister durch die Freigabe ihrer persönlichen Identität nicht nur in der Rolle als Mitarbeiter getroffen. Durch solche Regeleinhaltung bewahrt der Dienstleister bei Kränkung gegenüber dem Kunden zwar die Normkonforme Haltung, wird aber innerlich tief verletzt, was aufgrund emotionaler Dissonanz langfristig zur Belastung wird. Hierzu kommt auch der Konflikt zwischen Kundenwünschen und Vorgaben, die oft nicht vereinbar sind und so beim Dienstleister zu Ambivalenzgefühlen gegenüber seiner Arbeit führen kann (Schreyögg & Sydow, 2001, S. 125).

Die Folge der Eingriffe, in die höchst sensible Gefühlswert der Mitarbeiter kann zu Depersonalisation und Zynismus auch im privaten Umfeld führen (Schreyögg & Sydow, 2001, S.126).

Um mit den Trainings der Emotionsarbeit die Grenzen des Beschäftigten nicht zu überschreiten und seine Gesundheit aufs Spiel zu setzten, müssen einige Regeln beim Emotionsmanagement beachtet werden (Schreyögg & Sydow, 2001, S. 127). Ziel ist es Faktoren zu bestimmen, um die Emotionsarbeit weitgehendst belastungsarm zu machen und berufsgerechte Maßnahmen zu entwickeln. Legitime Ansprüche von Kunden müssen auf freundliche und zugewandte Bedienung treffen, bei der die Identität und Persönlichkeit der Dienstleister nicht angegriffen werden kann umso zwischenmenschliche Kälte oder Zynismus zu verhindern (Schreyögg & Sydow, 2001, S. 130).

3.0 Motive

Wichtige Einteilungsmerkmale bei Motiven sind implizierte und explizierte Motive. Implizierte Motive laufen meist unbewusst ab und sind nicht direkt messbar. Explizierte Motive hingegen werden bewusst wahrgenommen und durch Selbstberichte dokumentierbar (Brandstätter, Schüler, Puca, Lozo, 2018, S.81).

3.1 Motivinkongruenz

Unter Motivinkongruenz wird ein Abweichen von explizierter und implizierter Motive verstanden. Es entwickelten sich zwei Motivinkongruenztypen, die im Gegensatz zu den Motivkongruenztypen großes Konfliktpotential bergen. Der erste Typ verfügt über eine hohe implizierte Leistungsmotivation, das Verlangen nach Herausforderung wird jedoch durch das geringe explizierte Motiv gehindert, indem es keine anspruchsvollen Leistungsziele kreiert. Dadurch entspricht das Verhalten nicht dem inneren Zustand und betroffene Personen fühlen sich unvollständig und eingeschränkt in ihrem Handeln. Der zweite Typ hingegen verfügt über entgegen dem ersten Typ über eine hohe explizierte Motivation, die anspruchsvolle vorhaben erzeugt, diese jedoch im zweiten Schritt nicht umgesetzt werden können, da den betroffenen Personen der innere Antrieb fehlt. Dies führt dazu, dass der betroffene keine Freude an seiner Arbeit empfindet und sich regelrecht zu einer Tätigkeit zwingen müssen. Da der Prozess zur Verfolgung eines Ziels jedoch willentlich erfolgen muss und ein Anstrengungserleben beinhaltet, können die Betroffenen die Energie für herausfordernde Tätigkeiten nur aus der „Antizipation der sozial-evaluativen Anreize"[8] oder der Vorstellung über das eigene Selbstbild gerecht zu werden ziehen. (Brandstätter et al., 2018, S. 91).

Für Personengruppen führen diese beiden Motivinkongruenztypen meist zu erheblichen Konflikten. Beim ersten Typ bleibt die erstrebte Befriedigung aus und beim zweiten Typ muss eine übermäßige willentliche Anstrengung in Kauf genommen werden, um eine Tätigkeit auszuführen (Brandstätter et al., 2018, S.91).

---

[8] z.B. Anerkennung durch andere

Motivinkongruenz kann laut McClelland et al. (1989) durch eine mangelnde
Wahrnehmung der eigenen affektiven Motivanregungen entstehen. Er nannte
außerdem die starke Orientierung an der sozialen Umwelt, anstatt die
Informationsquellen innerhalb der Person[9] zu nutzen (S. 690-702).
Motivinkongruenz entsteht demnach mit gutem Zugang zum eigenen
Körpergefühl[10] und eine niedrige Ausprägung der Selbstüberwachung[11] (Thrash,
Elliot, Schultheiss, 2007, S. 963). Ein weiterer Ansatz zur Entstehung der
Motivinkongruenz beinhaltet die Handlungs- und Lageorientierung. Demnach
gelingt es handlungsorientierten Personen besser nach Misserfolgen einen
Zustand der Entspannung herzustellen. Entspannung wiederum ist
unumgänglich für den Zugriff auf das implizierte Motivationssystem, dass die
passende Zielwahl herbeiführt (Brunstein, 2001, S. 1-12).

3.2 Negativen Folgen der Motivinkongruenz

Konflikte, die eine Motivinkongruenz mit sich bringt wirken wie ein permanenter
Stressor[12] im Hintergrund. Ähnlich wie bei anderen Stressoren (z. B. Zeitdruck),
verübt der durch Motivinkongruenz ausgelöste Stressor Einfluss sowohl auf
Handlungsausführungen, als auch auf das emotionale und körperliche
Wohlbefinden. Mehrere Studien bestätigen die Minderung volitionaler
Ressourcen und emotionales Befinden (Baumann, Kaschel und Kuhl, 2005, S.
795-796).

Das Motivinkongruenz negative Folgen haben kann, zeigt die Studie von
Baumann et al. (2005), in der sie die Relevanz der Affektregulation aufzeigen und
das damit verbundene subjektive Wohlbefinden und die Symptombildung. Das
Ergebnis dieser Untersuchung zeigt, dass Inkongruenz zwischen explizierter
Orientierung und implizierten Motivmaßnahmen sowohl das subjektive
Wohlbefinden verringert als auch emotionale und somatische Beschwerden mit
sich bringt. Die Symptombildung lässt sich hier mit der Wirkung des
Stresshormons Cortisol erklären. Demzufolge führt eine hohe
Leistungsorientierung, dazukommende emotionale Abneigung und fehlende

---

[9] z.B. Affekte
[10] „private body consciousness"
[11] „self-monitoring"
[12] „hidden stressor" Baumann et al., 2005, S.

Möglichkeitensuche Spitzenleistung zu erbringen zur Frustration der Grundbedürfnisse und zur Erhöhung der Cortisolkonzentration (S.791).

Mit ihren Forschungen bewiesen Job, Langens und Brandstätter (2009), dass die beiden Arten der Kongruenz sich auf das Wohlbefinden ausüben. Implizierte Motive, explizierte Motive und persönliche Ziele stellen bei gleicher Zielstrebung eine wichtige Quelle für Glück und allgemeines Wohlbefinden dar (S.994-995).

3.3 Präventions- oder Interventionsmaßnahmen für Motivkongruenz

Häufig werden Ziele gewählt, die nicht mit den implizierten Motiven übereinstimmen und deshalb zur Motivinkongruenz führen. Um das zu verhindern, führt Schultheiss, Brunstein und Grässmann (1998) die Überlegung an, dass die Zielsetzung mit implizierten Motiven besser übereinstimmen würde, wenn Personen ihre Ziele aufgrund individueller Affekte und nicht auf rationalen Überlegungen gründen würden. Um allerdings an die implizierten Motive bewusst zu gelangen, ist das Imaginieren von Zielen hilfreich. Die gezielte Vorstellung des Prozesses ist hilfreich um zwischen den abstrakten implizierten Motiven und die konkreten explizierten Zielsetzungen zu vermitteln (S. 506).

Um diese Methode zu verfeinern, können Personen verschiedene Zieloptionen gedanklich durchspielen und dabei die Schwerpunkte auf die individuellen motivspezifischen Aspekte setzten (Freude/ Flow, Glück, Macht); (Job u. Brandstätter, 2009, S. 1556).

Eine Interventionsmaßnahme um eine bereits eingetretene Motivinkongruenz abzuwenden ist der Einsatz emotionaler Bewältigungsstrategien. „emotional disclosure", das Mitteilen emotionaler Erlebnisse und somit die negativen Folgen die Motivinkongruenz mit sich bringt, mindern zu können. Es wird angenommen, dass ein dauerhaft unterdrücktes oder fehlendes impliziertes Motiv zur chronischen Stressquelle fungiert, indem es den Stresshormonspiegel (Cortisol) erhöht und somit zu einer langfristigen gesundheitlichen Schädigung führt. Durch die „suit-able-method" wurde gezeigt, dass motivinkongruente Person die emotionale Offenlegung verwenden, seltener mit gesundheitlichen

Beeinträchtigungen zu kämpfen haben[13] als solche, die die Offenlegung nicht verwendeten (Schüler, Job, Fröhlich, Brandstätter, 2009, S. 224 & S.229).

Eine Studie von Baumann et al. hat gezeigt, dass die Selbstregulationsfähigkeit eine wichtige Voraussetzung ist um Stress auf die individuelle Motivkongruenz abzufedern. Wie in 3.1 kurz angerissen, können handlungsorientierte Personen auch unter Stress ihre implizierten Motive mit den explizierten Anforderungen vereinen. Diese Affektregulation[14] hilft bei der Verarbeitung der Alternativen und ist somit ausschlaggebend um negative Affekte zu eliminieren, um eine effektive Umsetzung der Entscheidung zu ermöglichen. Auch der Wunsch nach Wohlbefinden kann ausschlaggebend sein, um Ziele nach implizierten Bedürfnissen zu konstruieren (Baumann, Kaschel & Kuhl, 2005, S. 796-797).

---

[13] Bzw. in der Studie weniger Medikamente einnehmen, um Somatisierungssymptome zu zeigen.
[14] Affektregulation ist eine notwendige Voraussetzung für diese Prävention

Literaturverzeichnis

- Antonakis, J. (2004): *On why „emtional intelligence" does not predict leadership effectiveness beyond IQ or the „Big Five": An ectension and rejoinder.* Organizational Analysis Vol.12, No.2.
- Bar-On, R. (1997): *Emotional Quotient Inventory.* Technical manual. CDN:Multiple Health Systems: Toronto.
- Baumann, N., Kaschel, R., & Kuhl, J. (2005): *Striving for unwanted goals: Stressdependent discrepancies between explicit and implicit achievement motives reduce subjective well-being and increase psychosomatic symptoms.* Journal of Personality and Social Psychology Vol.89, No. 5.
- Brandstätter, V., Schüler, J., Puca, R. M. & Lozo, L. (2018): *Motivation und Emotion; Allgemeine Psychologie für Bachelor* (2. Auflage). Springer-Verlag GmbH Deutschland: Berlin.
- Brunstein, J. C. (2001): *Persönliche Ziele und Handlungs- versus Lageorientierung: Wer bindet sich an realistische und bedürfniskongruente Ziele? Zeitschrift für Differentielle und Diagnostische Psychologie.* Hogrefe AG.
- Clarke, N. (2006): *Emotional Intelligence Training: A Case of Caveat Emptor.* Human Resource Developement Review Vol. 5, No. 4.
- Clauss, G., Ebner, H. (1972): *Grundlagen der Statistik für Psychologen, Pädagogen und Soziologen.* Deutsch Harri GmbH: Frankfurt am Main. S.32; zit. nach Peterßen, W. H., (1999): *Wissenschaftliche(s) Arbeiten* (6. Auflage). Oldenbourg Schulbuchverlag GmbH: München.
- Fiori, M. (2009): *A New Look at Emotional Intelligence: A Dual-Process Framework.* Personality and Social Psychology Review Vol. 13, No. 1.
- Fröhlich, W. D. (2017): *Wörterbuch Psychologie* (27. Auflage). Dtv Verlagsgesellschaft mbH & Co. KG: München.
- Goleman, D. (1995). *Emotional Intelligence. Why it can matter more than IQ.* New York: Bantam Books; zit. nach Goleman, D. (2015). *Emotionale Intelligenz* (25. Auflage). München: Kar Hanser Verlag. (Deutsche Übersetzung).

- Hochschild, A. R. (1990): *Das gekaufte Herz*. Frankfurt/ Main: Campus Verlag GmbH.

- Job, V., Brandstätter, V. (2009): *Get a Taste of Your Goals: Promoting Motive-Goal Congruence Through Affect-Focus Goal Fantasy*. Journal of Personality Vol. 77, No. 5.

- Job, V., Langens, T.A., & Barandstätter, V. (2009): *Effects of achievement goal striving on well being: The moderating role of the explicit achiebment motive*. Personality and Social Psychology Bulletin, Vol. 43, No. 4.

- Joseph, D. L. & Newman, D. A. (2010): *Emotional intelligence: An intefratice meta-analysis and cascading model*. Journal of Applied Psychology Vol. 95, No. 1.

- Keele, S. M. & Bell, R. C. (2008): *The factorial validity of emotional intelligence: An unresolved issue*. Personality and Ididual Differences Vol. 44, No. 2.

- Maltby, J. / Day, L. / Macaskill, A. (2011): *Differentielle Psychologie, Persönlichkeit und Intelligenz* (2. aktualisierte Auflage). München: Pearson Studium.

- Matthews, G., Roberts, R. D. & Zeidner, M. (2004): *Secen myths about emotional intelligence*. Psychological Inquiry Vol. 15, No. 3.

- Maul, A. (2012): *Examining the structure of emotional intelligence at the item level: New perspectives, new conclusions*. Cognition & Emotion Vol. 26, No. 3.

- Mayer, J. D., Salovey, P., Caruso, D. R. (2008): *Emotional Intelligence: New Ability or Eclectic Traits?* American Psychologist Vol. 63, No. 6.

- McClelland, D. C., Koestner, R., Weinberger, J. (1989): *How do self-attributed and implicit motives differ?* Psychological Review, American Psychological Association Vol. 96, No. 4.

- Murphy, K. R. (2006b): *Four conclusions about emotional intelligence*. In K.R. Murphy (ED.) *A critique of emotional intelligence: WHAT ARE THE PROBLEMS and how can they ve fixed?* Mahwah NJ, USA, Erlbaum.

- Myers, D. G. (2014): *Psychologie* (3. Auflage). Springer-Verlag: Berlin, Heidelberg.

- Ortnoy, A., Turner, T. J., Collins, A. (1988): *The cognitive structure of emotions. Cambridge university press*. zit. nach Ortnoy, A. & Turner, T. J.

(1990): *What´s basic about basic emotions.* psychological review Vol. 97, No. 3.

- Peterßen, W. H. (1999): *Wissenschaftliche(s) Arbeiten* (6. Auflage). München: Oldenbourg: Schulbuchverlag GmbH.
- Rothermund, K. & Eder, A. (2011): *Allgemeine Psychologie: Motivation und Emotion.* Springer Fachmedien GmbH: Wiesbaden.
- Salovey, P. & Mayer, J. D. (1990). *Emotional intelligence.* Imagination, Cognition and Personality Vol. 9, No. 3.
- Schreyögg, G. & Sydrow J. (Hrsg.); (2001). *Emotionen und Management.* Wiesbaden: Betriebswirtschaftlicher Verlag Dr. Th. Gabler GmbH.
- Schultheiss, O. C., Brunstein, J. C., Grässmann, R. (1998): *Personal Goals and emotional well-Being: The Moderating Role of Motive Dispositions.* Journal of Personality and social Psychology Vol. 75, No. 2.
- Schulze, R. / Freund, P. A. / Roberts, R. D. (Hrsg.); (2006). *Emotionale Intelligenz; Ein Internationales Handbuch.* Göttingen: Hogrefe Verlag GmbH & Co. KG.
- Schütz, A., Brand, M., Selg, H., Lautenbacher, S. (2011): *Psychologie: Eine Einführung in ihre Grundlagen und Anwendungsfelder* (4. Auflage). Verlag W. Kohlhammer: Stuttgart.
- Sieben, B. (2003): *Emotionale Intelligenz: Die Tücken eines Trends.* Zeitschrift für Personalpsychologie Vol. 2, No. 1.
- Thrash, T. M., Elliot, A. J. & Schultheiss, O. C. (2007): *Methodological and dispositional predictors of congruence between implicit and explicit need for achievement.* Personaltiy and Social Psychology Bulletin Vol.33, No. 7.
- Zeidner, M., Matthews, G. & Roberts, R. D. (2001): *Emotional intelligence remains an "elusive" intelligence.* Emotion. zit. nach Rost, D. H. (2013): *Handbuch Intelligenz.* Beltz Verlag: Weinheim, Basel.

Internetquellen:

- Ellsworth, P. C., Scherer, K. R. (2003): *Appraisal processes in emotion. Handbook of affective science.* Zugriff am: 14.05.2019, Verfügbar unter: http://people.ict.usc.edu/~gratch/CSCI534/Readings/EllsworthScherer03.PDF

- Lambie, J. A., & Marcel, A. J. (2002): *Consciousness and the varieties of emotion experience: A theoretical framework.* Psychological Review Vol. 109, No. 2. Zugriff am: 14.05.2019, Verfügbar unter: https://www.researchgate.net/publication/11380627_Consciousness_and_the_Varieties_of_Emotion_Experience_A_Theoretical_Framework; zit. nach Rothermund, K. & Eder, A. (2011): *Allgemeine Psychologie: Motivation und Emotion.* Springer Fachmedien GmbH: Wiesbaden.
- Schüler, J., Job, V., Fröhlich, S. M., Brandstätter, V., (2009): *Dealing with a „hidden stressor": emotional disclosure as a coping strategy to overcome the negative effects of motive invongruence on healt.* Zugriff am: 14.05.2019. Verfügbar unter: https://onlinelibrary.wiley.com/doi/abs/10.1002/smi.1241.

Studienbriefe:

- Knoke, M. (2016): *Studienbrief: Wissenschaftliches Arbeiten und Schreiben* (4. Auflage). SRH Fernhochschule: Riedlingen.

BEI GRIN MACHT SICH IHR WISSEN BEZAHLT

- Wir veröffentlichen Ihre Hausarbeit,
  Bachelor- und Masterarbeit

- Ihr eigenes eBook und Buch -
  weltweit in allen wichtigen Shops

- Verdienen Sie an jedem Verkauf

Jetzt bei www.GRIN.com hochladen und kostenlos publizieren